UN MOT

SUR LES DROITS

DE NAPOLÉON IER;

PAR M. RÉDARÈS.

A PARIS;

Chez VAUQUELIN, libr., quai des Augustins, nº. 11.

1815.

UN MOT

SUR LES DROITS

DE NAPOLÉON IER.

Ce fut sans doute une loi injuste, que celle qui rendit les trônes un apanage héréditaire; mais ce fut une loi nécessaire pour éviter les troubles qui seraient survenus dans l'élection des rois.

Cependant, quelqu'utile qu'elle fût au repos des empires, elle fut souvent violée, soit par le peuple, soit par les conquérans, soit par les ambitieux.

Lorsqu'un peuple éloigna du trône un roi barbare et inhumain, il ne fit qu'un acte de justice que commandait son bonheur et son repos. Lorsque le sort des armes mit le domaine d'un souverain entre les mains d'un héros, ce héros ne fut point injuste en conservant sa conquête, puisque le droit des armes est le plus ancien de tous, et qu'il date de l'époque où nous avons commencé d'être injustes et méchans. Mais lorsqu'un ambitieux s'empara du trône par des manéges infâmes, il commit un crime atroce, et mérita le nom d'usurpateur. Cependant, à la honte des rois, ce fut plutôt par cette voie que par toute autre qu'ils parvinrent au souverain pouvoir.

Celui donc qui mérite le mieux de régner sur un peuple, est l'homme qui, élevé par ses talens aux plus hautes dignités de l'état, a battu et dispersé les ennemis de sa patrie, a mis dans la paix ses concitoyens déchirés par l'anarchie, et les a forcés, par mille bienfaits, à le reconnaître pour leur souverain.

Peut-être M. de Châteaubriant ne trouvera pas ces raisons justes; cependant je les crois bien plus solides que tous ces froids argumens dans lesquels son honneur et sa dialectique ont été si souvent en défaut.

Parlons avec franchise, et n'altérons point les traits de la vérité : voyons si les droits de Napoléon ne sont pas aussi sacrés que ceux des plus grands potentats du monde.

La France était déchirée par la discorde, toutes les passions déchaînées semblaient vouloir dévorer jusqu'à l'ombre de la vertu. L'homme que des mœurs pures et des sentimens religieux devaient rendre respectable, tombait à tout moment sous la hache dévastatrice ; et il n'y avait que le brigand qui pouvait sans craindre lever son front noirci par le crime. Loin de chercher à mettre un terme à nos maux, on fuit sur une terre étrangère, on laisse la patrie en proie à la terreur; et alors point de mœurs, point de lois, point de religion ; tout ce qui garantissait le droit du citoyen est anéanti ; et plus cruels que les antropophages, nous nous dévorions les uns les autres, et nous nous abreuvions de notre propre sang.

Jaloux de nos prospérités passées, et flattés d'ajouter à nos malheurs, les ennemis de la France viennent, par une guerre étrangère, aggraver les maux de nos dissentions civiles.

Au milieu de ce conflit hétérogène et de crimes, et d'horreurs, et de troubles, et de désordres, on voit s'élever du sein de la noblesse un homme que Dieu avait réservé, comme un autre Alexandre, pour purger le monde et donner des leçons aux rois.

Génie actif, infatigable et profond, capable de tout entreprendre et de tout exécuter, il serait allé au bout du monde, si les élémens ne l'eussent arrêté dans sa course.

Parvenu par ses talens et sa bravoure aux

plus hauts grades militaires, il se rend maître de l'Italie, bat des armées nombreuses avec peu de soldats; et nos ennemis vaincus partout par ses mains triomphantes, sont forcés de purger nos frontières et de s'humilier devant nous.

La grandeur naissante de Napoléon inspire la crainte à nos tyrans révolutionnaires, et soudain ils l'envoient en Egypte, avec une poignée de braves, pour l'abandonner à la barbarie des Musulmans.

Mais leur jalouse fureur fut trompée. Aussi grand en Afrique qu'il l'avait été en Europe, il renverse tout ce qui lui offre résistance, s'empare de l'Egypte, et se fait respecter de l'empire Ottoman.

Cependant, que faisait la France, tandis que son héros était loin d'elle? Elle était encore dans les accès de la révolution, et ses dévastateurs s'empressaient de la détruire. Point de vertueux citoyens pour la tirer de son état de détresse, point de Cicéron pour la défendre, point de Brutus pour l'arracher à ses tyrans. Des grands momens se passent; le soleil éclaire encore bien des jours malheureux; le tems laisse aux Français le loisir de délibérer sur leur sort. Mais une puissance inconnue les enchaîne, et étouffe en eux l'amour national : ils laissent courir le crime ; et tout était perdu si le héros, tel qu'un nouveau Philoctète, n'avait jeté un regard de compassion sur sa patrie.

Déja il avait quitté le sol brûlant de l'Afrique ; son vaisseau, respecté par les vents, voguait tranquille sur la surface des eaux, et cherchait en silence nos bords infortunés.

Il arrive enfin, et à son aspect, le crime fuit, la discorde est enchaînée, les tyrans sont abattus, et la France, ensevelie sous les décombres de l'anarchie, commence à lever sa tête majestueuse.

Mis à la tête du gouvernement, le héros ne démentit point l'opinion du peuple, qui crut voir en lui un sauveur : il employa tous ses soins à adoucir leurs maux ; et ne pouvant mieux y réussir qu'en corrigeant le désordre qui régnait dans l'administration de l'état, il détruisit tout ce qu'avaient fait nos tyrans, fit une charte constitutionnelle qui garantissait au peuple ses droits et son repos, mit en vigueur les lois de nos pères, et en créa d'autres, que nos mœurs et nos usages exigeaient, releva les autels, et enfin, par mille autres bienfaits, chercha à nous faire oublier nos misères.

Tandis qu'il cimentait l'édifice de notre bonheur, les peuples du nord menacent la France d'une invasion subite. Napoléon les prévient, il court avec son élite guerrière, et la victoire marche sur ses pas; partout vainqueur, partout triomphant, il inspire un saint respect aux nations, enchaîne l'ambition des rois, donne à la France une attitude imposante; et, par des agrandissemens successifs qui étaient le fruit de ses conquêtes, en fait un des plus beaux et des plus grands empires du monde.

De retour de ses nobles exploits, et portant dans sa patrie la paix et le bonheur, le peuple reconnaissant le salue par un cri d'allégresse et d'amour, son Empereur et son maître. Voilà, voilà la voie par laquelle Napoléon s'est frayé un chemin au trône; et j'en appelle, non à vous, libellistes qui l'avez déchiré, ministres qui l'avez trompé, maréchaux qui l'avez trahi, mais à vous, potentats de l'Europe, qui connaissez l'origine de vos titres superbes, en est-il de mieux acquis, de plus saints, de plus sacrés que ceux de Napoléon?

Mais continuons, M. de Châteaubriant, notre narration fidelle, et nos réflexions viendront après. Vous le savez, le respect que j'avais pour le roi, l'amour du repos public, m'ont forcé à ne vous dire que *mentiris impudentissime*, lorsque votre plume, conduite par un vil intérêt, altérait les traits caractéristiques de notre héros, et le peignait sous les traits d'un Néron; maintenant je crois que l'on peut dire la vérité au peuple et vous la faire sentir.

Toutefois je n'irai point, infâme adulateur de mon prince, calomnier, pour lui plaire, la vertu malheureuse, et indisposer, par des pamphlets horribles, tout le peuple contre lui; je sais trop l'effet qu'a produit sur les Français vos fameux libelles, et je suis persuadé que si vous eussiez aimé votre roi, vous auriez mieux ménagé notre empereur.

Maître du plus bel empire du monde, chéri de ses sujets, respecté de ses voisins, Napoléon contempla un moment l'éclat de sa gloire; mais incapable de se laisser éblouir par tant de prospérité, plus il se vit grand, plus il sentit qu'il avait de devoirs à remplir, et plus il devint infatigable. Il avait déja organisé son empire, et mis la plus parfaite harmonie dans l'administration de l'état; il voulut donner une forme nouvelle à la France: alors des millions d'ouvriers sont employés à creuser des canaux, tracer des chemins, élever des ponts, construire de superbes bâtimens; alors les montagnes qu'Annibal seul avait franchies sont applanies pour nous; alors les trois quarts de la France travaillent pour elle, et Napoléon seul ordonne les travaux. Mais c'était trop peu de l'embellir par des ouvrages, il fallait encore la faire fleurir par les talens; à sa voix, les lycées, les colléges s'organisent, les académies se forment, les écoles des sciences et des beaux arts s'ouvrent, l'homme à talent est recherché et chéri, et bientôt de cette impulsion divine naissent mille ouvrages immortels : la chimie, la physique, la médecine marchent à pas de géant vers leur perfection; nos peintres rivalisent les Raphaël et les Poussin, et nos littérateurs soutiennent la gloire de leur maître.

Napoléon, persuadé que la dépravation de nos mœurs avait étouffé en nous l'amour de la patrie, et que le peuple qui n'est point animé de cette vertu se laisse subjuguer par le premier conquérant, sentit la nécessité, pour assurer le repos de ses sujets, de mettre son empire sur un pied militaire. Alors l'esprit militaire devint l'esprit de la nation, une loi émanée du trône rendit tous les jeunes citoyens soldats; des armées nombreuses furent levées du sein de la France, et apprirent le métier de la guerre sur les traces de la victoire. C'est ici, guerriers de Napoléon, que je voudrais avoir une voix au-dessus de celle de la Renommée pour publier vos héroïques vertus. Fidèles à vos sermens, vous avez suivi le héros jusqu'au pôle du nord. Obligés de plier par l'inclémence de l'air, forcés, par la trahison de vos chefs, d'abandonner le sentier de la victoire, vous n'avez point quitté celui de l'honneur; vous avez toujours resté constans au héros lorsqu'il était trahi, abandonné par ceux même qu'il avait comblés de bienfaits. On vous a vus, la rage dans le cœur, fuir des drapeaux flétris par la perfidie, et soupirer après celui qui pouvait seul rendre la splendeur à la France, souillée par l'aspect de nos ennemis. Au réveil de son aigle endormi, vous êtes accourus vous mettre sous son aile triomphante, et, pour ainsi dire, mettre à l'abri votre honneur contre les insinuations des perfides. Cet acte de dévouement sauve l'honneur de la nation, et vous mérite une gloire immortelle.

Napoléon avait trop de génie pour ne pas prévoir tous les inconvéniens qui pouvaient porter obstacle au bonheur de ses peuples, et il avait trop d'amour pour eux pour les voir exposés à de nouveaux malheurs. Il savait que son empire était d'un grand poids dans la balance des nations ; il n'ignorait point que ses soldats pouvaient subjuguer le continent ; mais il voyait notre commerce gêné par l'ambitieuse Angleterre, notre industrie languir, et notre numéraire passer dans des mains étrangères : il sentait que cette prépondérance que l'Anglais avait sur les mers nous appauvrissait chaque jour ; il chercha donc un moyen d'abaisser cette puissance, et se ligua contre elle avec tout le continent.

Les ports fermés à la cupidité de ses agioteurs, ses marchandises prohibées dans tous les états, jetèrent la cour de Londres dans de grandes alarmes et lui firent craindre pour l'avenir. En effet, cette démarche hardie avait considérablement diminué son commerce : déja son peuple commençait à se ressentir de la stagnation de ses manufactures, et son mécontentement annonçait des troubles qui ne pouvaient avoir qu'un heureux résultat pour l'Europe ; mais dans ce moment de crise, une grande puissance, soit par l'or, soit par la nécessité, viola son traité et perdit tout le fruit de notre politique. Napoléon, indigné de se voir trahi, court, avec une armée innombrable, venger la sainteté des traités et la cause de la nation ; il court, et lui qu'aucune puissance n'avait pu vaincre, se trouve arrêté par les élémens.

Si l'injuste fortune abandonna Napoléon dans ses projets; si, trahi par ses alliés et par les siens, il fut obligé de recevoir des lois des puissances étrangères, la grandeur de son entreprise ne fera qu'augmenter sa gloire dans la postérité. On verra un souverain sacrifier son repos, son bonheur et ses prérogatives pour l'intérêt des nations, et la reconnaissance publique lui élevera des autels.

Je n'ai fait, jusqu'ici, que tracer les grandes époques de la vie de ce héros; je n'ai point parlé de mille traits de vertu, de magnanimité, de clémence, persuadé qu'ils sont assez gravés dans les cœurs français. Eh! que serait-ce, si, tel qu'un peintre fidèle, j'eusse montré son âme toute entière? Mais je laisse à des mains plus savantes le soin de ce sublime ouvrage, et je regarde le mien comme accompli, si j'ai pu détruire la fâcheuse impression qu'a causée sur des esprits faibles ce ramassis de libelles infâmes, dont la France a été inondée jusqu'à ce jour.

Français! depuis vingt ans vous avez vu Napoléon exposer sa vie et son repos pour votre bonheur et votre gloire: vous aviez des tyrans à détruire, il les a détruits; vous aviez des lois abolies, il les a fait renaître ; vous aviez des autels abattus, il les a relevés ; vous aviez à former un gouvernement pour garantir vos droits et votre puissance, il vous l'a donné ; vous aviez des ennemis à craindre, il les a vaincus. Moins éblouis par ses victoires, qu'entraînés par ses bienfaits, libres de votre choix et dégagés de tout serment, il vous fallait un souverain, vous l'avez choisi pour l'être : le sang de vos braves a cimenté cette élection, et des années de respect et d'obéissance ont rendu vos sermens inviolables.

Et depuis quand des étrangers viendraient-ils nous dicter des lois ? depuis quand nous croirait-on assez vils, assez bas pour soutenir un maître donné par l'ennemi de notre gloire? Eh quoi ! des peuples sauvages, conduits plutôt par la trahison que par la bravoure dans l'enceinte de notre capitale, seraient nos législateurs ! nous, qui comptions comme le plus grand peuple de la terre, avant qu'ils fissent époque dans l'univers ! nous, qui les premiers leur avons appris à être hommes, et qui avons semé dans leurs déserts les sciences et les beaux arts ?

Se feraient-ils un jeu de nous humilier ? et un moment de prospérité leur ferait-il oublier que nous avons été leur vaînqueur et leur maître ? Mais quelle que soit leur conduite superbe, elle ne doit point influer, ni sur notre caractère, ni sur notre devoir. Tout serment arraché par la terreur des armes est nul et illégitime; il n'y a que celui que l'amour et la reconnaissance ont dicté, qui devient sacré aux yeux de la loi et de la raison ; nous l'avons prêté ce serment à notre libérateur : soyons-y fidèles; toute autre conduite serait indigne d'un grand peuple, et nous avilirait aux yeux de l'univers.

FIN.

IMPRIMERIE DE Mme. Ve. PERRONNEAU,
QUAI DES AUGUSTINS, N°. 39.

BIBLIOTHEQUE NATIONALE DE FRANCE
3 7531 03606820 4

www.ingramcontent.com/pod-product-compliance
Lightning Source LLC
LaVergne TN
LVHW010312230826
846091LV00007B/3119
9782013379977